CONCLUSIONS

POUR

LA SOCIÉTÉ E. GONTHIER & Cie

CONTRE

LE GOUVERNEMENT ÉGYPTIEN

SUR LE RÈGLEMENT DE L'INDEMNITÉ

Accordée en principe par Jugement de la Chambre Spéciale du 21 Mars 1877

Confirmé par arrêt de la Cour du 26 Novembre, même année.

24 JANVIER 1878

CONCLUSIONS

POUR

LA SOCIÉTÉ E. GONTHIER & Cie

CONTRE

LE GOUVERNEMENT ÉGYPTIEN

SUR LE RÈGLEMENT DE L'INDEMNITÉ

Accordée en principe par Jugement de la Chambre Spéciale

du 21 Mars 1877

Confirmé par arrêt de la Cour du 26 Novembre, même année.

24 JANVIER 1878

CONCLUSIONS

POUR

LA SOCIÉTÉ E. GONTHIER et Cie

CONTRE

LE GOUVERNEMENT ÉGYPTIEN

EXPOSÉ SOMMAIRE

Attendu que la Chambre Spéciale, par son jugement en date du 21 Mars 1877, prenant pour point de départ : 1° qu'il était d'usage de transporter dans un lieu désigné tous les animaux qui meurent dans la ville d'Alexandrie, où, aux termes de son contrat, la société avait le droit de les prendre ; 2° que le Gouvernement avait négligé de veiller à l'accomplissement de cette obligation établie par le dit usage dans l'intérêt de l'hygiène publique ; a déclaré que la société avait éprouvé un préjudice par le défaut de matière première nécessaire à l'alimentation de son usine d'équarrissage et que dès lors elle avait droit à une indemnité.

Attendu que, pour pouvoir fixer convenablement cette indemnité, la Chambre Spéciale a ordonné :

1° Une expertise à l'effet de constater la valeur de l'installation de la dite usine et de ses machines ainsi que le prix du terrain sur lequel elle est construite.

2° Une preuve à fournir par tous moyens, témoins compris, à l'effet d'établir le nombre moyen des animaux qui meurent annuellement dans la ville d'Alexandrie, la moyenne de chaque espèce de bêtes et le produit que chaque animal pouvait, suivant son espèce, donner à la Société après avoir été transformé par son industrie, sous déduction du prix de la peau.

Attendu qu'à la date du 26 Novembre 1877 la Cour, statuant définitivement sur le principe de la responsabilité, l'interprétation du contrat et le mode à suivre pour parvenir à la fixation du quantum de l'indemnité, a rendu un arrêt dans lequel, après avoir examiné le résultat de l'enquête ordonnée par son arrêt interlocutoire du 19 Mai 1877, elle s'exprime en ces termes :

« Que par suite c'est avec raison que les premiers « juges ont interprété la clause contenue dans l'art. « 1er du contrat de concession sus-rappelé dans son « sens le plus large en déduisant, comme consé- « quence extrême pour les justes motifs developpés au « même jugement dont est appel, cette responsabi-

« lité que le Gouvernement voudrait en vain décli-
« ner envers la société concessionnaire.

« Attendu, sur l'appel incident de la société de-
« manderesse, que les documents, les travaux statis-
« tiques et ceux des auteurs compétents sur la
« matière, qu'elle a produit dans la présente ins-
« tance ne peuvent pas suppléer à la preuve lé-
« gale ordonnée par les premiers juges afin de cons-
« tater, par le meilleur moyen et avec la plus gran-
« de précision possible, le quantum des dommages
« soufferts par la Société au sujet de l'inexécution
« de la part du Gouvernement des obligations qui
« lui étaient imposées par le susdit contrat de con-
« cession, et ce sera seulement alors le cas de tenir
« de ces documents et de ces travaux tel compte
« qu'il conviendra en concurrence avec le résultat
« des preuves qu'il s'agit d'expérimenter.

« Par ces motifs

« La cour rejette tant l'appel principal interjeté
« par le Gouvernement que l'appel incident émis par
« la Société E Gonthier et Cie contre le jugement
« interlocutoire rendu par la Chambre Spéciale de
« Première Instance le 21 Mars 1877.

« Confirme pleinement le dit jugement dans la
« partie frappée d'appel, laquelle devra par suite
« recevoir une complète exécution.

« Renvoie à cet effet les parties devant la Cham-
« bre Spéciale de Première Instance et condamne
« le Gouvernement Egyptien aux frais d'appel
« etc. etc....... »

Cet arrêt ayant été dûment notifié au Gouvernement par exploit de l'huissier Gennaropoulo en date du 29 Novembre 1877, la société a fait les diligences nécessaires pour que les opérations de l'expertise ordonnée par le jugement du 21 Mars 1877 et suspendues par l'appel du 16 Avril 1877 fussent reprises d'une manière régulière avec toutes les formalités de la procédure, et a fait de même procéder très-régulièrement à l'enquête ordonnée par le dit jugement.

Attendu que le rapport des experts Troyanis, Pilotto et de Petrettini, nommés par ordonnance de Monsieur le Président Janssen en date du 9 Avril 1877, conformément au jugement du 21 Mars même année, a été déposé au greffe le 10 Janvier 1878.

Attendu que l'enquête à laquelle il a été procédé pardevant Monsieur le Baron d'Armfelt, juge commis, a été commencée le 27 Décembre 1877 et terminée le 2 janvier 1878.

Que de même la contre-enquête, après une demande de prorogation, a été close le 24 Janvier 1878 sans que le Gouvernement Egyptien ait produit ses témoins.

Attendu au surplus que la preuve ordonnée par

le Tribunal et la Cour est faite surabondamment par les nouveaux documents versés aux débats.

Attendu qu'à la date du 24 janvier 1878 la Société E. Gonthier & Cie a fait notifier au Gouvernement Egyptien, dans le délai ordinaire des ajournements, les conclusions qu'elle entendait prendre à la suite des vérifications aux quelles il a été procédé et des autres moyens de preuve par elle réunis, en demandant la condamnation du Gouvernement Egyptien au paiement de la somme principale de deux millions trois cent un mille et huit cent soixante-et-dix-neuf francs, des intérêts de cette somme à 12 p. 0/0 à partir du 2 mai 1876 et de tous les frais judiciaires et extra-judiciaires y compris les honoraires des experts.

Que par le même acte le liquidateur a fait offre au Gouvernement de lui communiquer, soit amiablement soit par la voie du Greffe, toutes les pièces dont il entendait se servir et lui a fait sommation de communiquer pareillement les siennes.

Attendu que dès lors l'interlocutoire est vidé et la cause en état de recevoir une solution définitive.

Sur le Règlement de l'Indemnité

Attendu que le jugement du 21 mars 1877 et l'arrêt confirmatif du 26 novembre même année ont eu pour résultats :

1° De consacrer le principe de la responsabilité du Gouvernement Egyptien à raison de l'inexécution du contrat du 14 moharem 1283 et le droit de la Société E. Gonthier et Cie à une indemnité.

2° De fixer les bases de cette indemnité devant se diviser en trois chefs, à savoir :

1er chef — Dans la différence devant résulter à dire d'expert entre la valeur des facultés mobilières et immobilières de la Société à la fin de l'année 1866 et celle des mêmes facultés au 2 mai 1876.

2me chef — Dans le produit que la Société aurait pu retirer de juin 1866 à juin 1873 de toutes les bêtes sans exception qui sont mortes dans la ville d'Alexandrie pendant le même espace de temps, sous déduction toutefois de celles qui seraient mortes de peste ou d'épizootie et de celles qui ont été sacrifiées pour la consommation dans la limite des réglements.

3me chef — Dans le remboursement des frais, débours, et autres dommages qui sont la suite directe non plus de l'inexécution du contrat mais du procès lui-même.

Sur le premier Chef d'Indemnité

(Celui relatif à la dépréciation des valeurs mobilières et immobilières de la Société).

Attendu que sur ce point le rapport des experts Pilotto, Troyanis et de Pettretini renferme une saine appréciation du dommage; que ses conclusions sont le résultat d'une étude consciencieuse et approfondie de la question et doivent dès lors être accueillies.

Qu'il y a donc lieu de l'homologuer purement et simplement; qu'ainsi la perte réelle subie, sur ce premier chef, par la Société est de fr. 47,963.

Sur le deuxième Chef d'Indemnité

(Celui relatif au dommage causé à la Société par la privation du bénéfice qu'elle devait retirer de toutes les bêtes mortes à Alexandrie pendant la durée du Contrat).

Attendu que pour en fixer le quantum il s'agit de prouver, tant par titres que par témoins, deux choses, en répondant catégoriquement aux deux questions posées par la chambre spéciale, à savoir :

1° Quel est le nombre moyen des animaux qui sont morts par année dans la ville d'Alexandrie de 1866 à 1873 et quelle est par année la moyenne de chaque espèce sur ce même nombre total de bêtes ?

2° Quel est le produit que chaque animal, suivant son espèce, pouvait donner à la Société ?

RÉPONSE A LA PREMIÈRE QUESTION.

Attendu que la Société, lors du jugement du 21 mars 1877, a voulu établir que la moyenne des bêtes qu'elle devait recevoir par année était d'au moins 7.000 parce que dans les 179 premiers jours de son exploitation elle avait reçu 3,577 bêtes et a de même voulu régler le dommage sur cette base.

Attendu que la Chambre Spéciale l'a sagement repoussée comme insuffisante et en contradiction avec les protestations et mises en demeure de la Société, qui dès les premiers jours du contrat, soutenait avec raison que le dit contrat ne recevait qu'une exécution partielle (Voir Nos 5, 6, 7, 8, 9 et 10 de l'ancien dossier).

Attendu que, pour répondre aujourd'hui exactement à la première question posée par le Tribunal, la Société présente des documents officiels émanant du Gouvernement Egyptien lui-même.

Attendu en effet que le Gouvernement Egyptien a fait dresser la statistique de l'Egypte par M. de Régny Bey, secrétaire de l'Intendance Générale Sanitaire de l'Egypte et de la Municipalité d'Alexandrie, et lui a fourni pour exécuter ce travail tous les documents officiels.

Attendu que ce travail comprend les années 1869, 1870, 1871 et 1872 et des états descriptifs du nombre exact des bestiaux importés dans le port d'Alexandrie pendant les dites années et des bêtes de somme importées dans les autres ports de l'Egypte.

Attendu toutefois que ces états ne mentionnent, en ce qui concerne la ville d'Alexandrie, que les bœufs et les moutons et se taisent sur les chevaux, mulets, ânes et chameaux, probablement pour déguiser l'état des forces militaires du Gouvernement Égyptien, mais que l'enquête est suffisante pour fixer leur nombre et leur mortalité.

Attendu que le chiffre des animaux importés, bœufs et moutons, une fois connu, il suffira de rechercher celui des animaux morts à l'arrivée et au débarquement.

Que de même, étant connu le chiffre des bêtes de somme ayant travaillé dans la ville d'Alexandrie durant la période indiquée, il suffira de rechercher la moyenne de la mortalité qui a sévi par année sur les dites bêtes de somme.

Attendu que pour répondre avec précision, clarté et méthode à la première question contenue dans le dispositif du jugement du 21 mars 1877, il convient d'établir séparément la moyenne de la mortalité, par année, de chaque espèce de bêtes, ce qui se fera ci-après en classant les animaux en cinq catégories, à savoir,

1re	Catégorie	Bœufs et buffles
2e	»	Moutons
3e	»	Chevaux et mulets
4e	»	Ânes
5e	»	Chameaux

1re Catégorie (Bœufs et Buffles).

Des statistiques officielles du Gouvernement il résulte qu'il est entré dans le port d'Alexandrie.

		Bœufs.
Pendant l'année	1869	12,405
» »	1870	15,795
» »	1871	11,146
» »	1872	11,443
Total pour 4 années		50,789

De ces chiffres il appert que la moyenne des bœufs importés par année dans la ville d'Alexandrie est de 12,697 et que par suite le total des bœufs importés pendant sept ans est de 12,697 × 7 = 88,879.

Ce premier jalon posé, il faut, pour achever de répondre à la première question du jugement, rechercher la moyenne de la mortalité des bœufs à l'arrivée et au débarquement. Cette moyenne est de cinq pour cent et la preuve de cette assertion est faite de deux manières, par titres et par témoins.

Il existe en effet au dossier un extrait des livres de la maison Lavison duquel il ressort que sur une quantité de 2379 bœufs de Russie importés par différents vapeurs dans l'espace de quatre mois, cette maison a perdu 151 bœufs à l'arrivée et au débarquement, sans compter 13 bœufs qui sont morts durant le voyage.

La sincérité de cet extrait a été affirmée par deux fois sous serment. Une première fois par le témoin Blondel, liquidateur de la succession du comte Lavison, une deuxième fois par le témoin Pierini, ancien employé de la même maison. Ce dernier est allé jusqu'à indiquer les Nos des folios du registre où il a puisé ces renseignements.

Par un simple calcul arithmétique on obtient une moyenne de mortalité de 6 34/100 pour 0/0.

A cette preuve écrite le témoin Lattis dont la déclaration est décisive, soit à cause de sa compétence dans la matière, soit à raison de sa parfaite honorabilité, en ajoute une autre, car il s'exprime en ces termes, après avoir affirmé que la mortalité des bœufs est de 4 à 6 p.0/0 (ou soit par conséquent une moyenne de 5 p. 0/0), et qu'avant de déposer il a consulté ses registres : « j'ai fait le commerce « des bestiaux, c'est-à-dire je l'ai continué pendant « à peu près les trois premières années de l'époque « en question, et dans ce temps j'étais le fournis- « seur du gouvernement sur une très-grande échelle. « Sans parler des pertes qu'ont pu faire les autres « marchands, chose que je ne connais pas, *je « puis, après avoir consulté mes livres que j'offre « même d'exhiber si le Tribunal le juge à propos,* « certifier que dans les 10 à 15 jours qui s'écoulaient « d'ordinaire depuis le débarquement des bestiaux « jusqu'à la livraison, compris l'époque de la qua-

« rantaine, je subissais une perte moyenne pour les « bœufs de 4 à 6 p. 0/0, le tout dépendant des con- « ditions dans lesquelles les traversées s'opéraient. « Une fois, par exemple, sur une cargaison d'envi- « ron 300 bœufs provenant de la Russie, j'en ai perdu « jusqu'à 160, et c'est en tenant compte de sembla- « bles éventualités que j'ai établi ma moyenne de « 4 à 6 p. 0/0. »

Le témoin ajoute que la moyenne de la mortalité pour les buffles est la même que pour les bœufs.

Ainsi le doute n'est plus permis, les dépositions orales des témoins Laurent Gallina, Crespin, Poinas, Carbonel et Edouard Moïse concordent avec les preuves écrites des témoins Blondel, Pierini et Lattis.

Enfin le plus grand importateur de bétail qui fut à Alexandrie, dans la période indiquée, offre loyalement ses registres à la justice pour l'éclairer dans ses recherches et lui permettre de contrôler la sincérité de sa déposition.

Etant donc donné pour les bœufs une moyenne de 5 p. 0/0 la Société E. Gonthier et Cie a droit à 5 p. 0/0 sur 88,879 ou soit à 4,444 bœufs pour les sept années de contrat.

Dans ce dernier chiffre il n'est pas tenu compte de la mortalité qui pendant cette période a eu lieu parmi les vaches, bœufs et buffles existants à Alexandrie et affectés à divers services.

2me Catégorie (Moutons).

Des statistiques officielles déjà mentionnées il résulte qu'il a été importé dans la ville d'Alexandrie :

Pendant l'année	1869	—	moutons	149,830
d°	1870	—	d°	135,698
d°	1871	—	d°	104,293
d°	1872	—	d°	138,700
Total pour quatre années				528,521

dès lors la moyenne des moutons importés dans la ville d'Alexandrie est de 132,130 par année et présente pour sept ans un total de 924,910.

Quant à la moyenne de la mortalité, elle a été de 1866 à 1873 de 10 p. 0/0 et elle est établie de même que pour les bœufs soit par titres soit par témoins.

Il existe en effet au dossier un extrait des livres de la maison Lavison du quel il résulte qu'au folio 20 du registre des entrées et sorties des moutons on peut constater que sur une entrée de 1307 moutons 106 sont morts à terre et 22 pendant la traversée; ce qui donne une moyenne de 8 14/100 p. 0/0 pour ceux morts à terre.

D'autre part M. Lattis dit en parlant des moutons et en offrant *toujours d'exhiber ses registres*.

« Je subissais une perte moyenne d'à peu près
« 15 p. 0/0 sur les moutons, le tout dépendant des
« conditions dans lesquelles les traversées s'opé-

« raient et par conséquent la mortalité en hiver était « plus forte et en été moins forte »

C'est donc une moyenne de 15 p. 0/0.

En examinant les dépositions des autres témoins on voit que :

Le témoin	Blondel	l'a fixée	à 10	p. %.
»	Selim Trad	»	de 5 à 20	»
»	Parlange	»	à 10	»
»	Laurent Gallina	»	à 15	»
»	César Crespin	»	à 9	»
»	Marie Poinas	»	à 10	»
»	Carbonel (minimum)	»	à 10	»

Le témoin Pierre Patresi, ancien capitaine de navire et qui, d'après sa déposition, a transporté plus de 100,000 moutons dans l'époque indiquée, explique comment et à quel moment se produit la mortalité et s'exprime en ces termes :

« Je n'ai commencé à faire les voyages en Egypte « qu'en 1870. Donc mes réponses ne pourront porter « que de cette époque jusqu'en 1873. Dans ce temps « là le port neuf n'existant pas dans l'état actuel, le « débarquement des bestiaux se faisait dans des con- « ditions infiniment plus mauvaises que maintenant. « J'ai apporté quelquefois des 2000 et des 3000 « moutons et il en est mort au débarquement de « 5 à 6 %.

A ce moment l'avocat du Gouvernement lui fait poser la question suivante :

» D. Est-ce que vu les rapports d'affaires que
« vous aviez avec les marchands, en dehors de ce
« qui est mort au débarquement, vous avez entendu
« dire que des bêtes sont mortes en quarantaine et
« en quelle proportion ?

A cette question le témoin Patresi répond d'une manière très-explicite :

» J'ai entendu dire plusieurs fois qu'il en était
« mort, mais je ne saurais préciser les quantités, *bien*
« *entendu que la moyenne de 5 à 6 p. 0/0 dont je*
« *parle ne comprend que la mortalité* DEPUIS LE
« DÉBARQUEMENT DU BATEAU A VAPEUR A LA MAHONNE
« ET DE LA MAHONNE A TERRE, C'EST-A-DIRE JUSQU'A
« L'ENTRÉE DU LAZARETH.

Ainsi se trouve expliquée cette mortalité de 10 p. % affirmée par les autres témoins. Elle s'opère pour moitié au débarquement, le reste a lieu au Lazareth ou en dehors.

En comparant les preuves écrites et les dépositions orales des témoins, il se présente au choix de la Chambre Spéciale deux moyennes, une de 15 p. 0/0 et une de 10 p. 0/0.

La Société adopte la plus faible, celle qu'elle a toujours affirmée, comme minimum, et en cela elle fait réellement preuve de modération, car il est certain que la moyenne la plus réelle, la mieux affirmée et la mieux prouvée, est celle de 15 p. 0/0, indiquée par le témoin Lattis et par les registres.

Le résultat immédiat de cette modération, qui se reproduit partout et sur tous les chefs, est de réduire de plus d'un million de francs le chiffre de ce chef de réclamation. En effet, on verra plus loin que le produit brut de 10 p. 0/0 sur les moutons s'élève à francs 1,243,079,04. Si ce produit eut été calculé à 15 p. 0/0 au lieu de 10 p. 0/0, on aurait eu un chiffre plus fort de la moitié ou soit fr. 1,864,618,56, qui avec les intérêts donnerait une différence en faveur de la Société d'environ 1,200,000 fr.

Par ce qui vient d'être dit on voit que la Société devait recevoir 10 p. 0/0 sur un chiffre d'importation qui s'élève à 924,910 ou soit 92,491 moutons pendant la période indiquée.

3me Catégorie (Chevaux et Mulets).

Pour les animaux de cette catégorie, les renseignements fournis par l'enquête et notamment par les témoins Parlange, Ambrogio Fresco, Auguste Faraud, Edouard Moïse et Lattis, apprennent que le nombre de chevaux existant dans la ville d'Alexandrie pendant la période de 1866 à 1873 était d'environ 7,500 se décomposant en plusieurs catégories qui présentent entre elles une différence notable sur la mortalité.

Ainsi, en comparant et rapprochant les dépositions de ces témoins, on peut répartir comme suit cette quantité de 7,500 chevaux.

1° Une quantité de 1,200 chevaux à répartir sur 378 voitures de place appartenant à des Arabes avec une mortalité de 30 p. 0/0..............	1,200
2° Une quantité de 400 chevaux à répartir sur 105 voitures de place appartenant à des Européens avec une mortalité de 15 p. 0/0..........................	400
3° 2000 chevaux et mulets travaillant à Minet-el-Bassal avec une mortalité de 10 p. 0/0............................	2,000
4° 2000 chevaux et mulets employés pour transports divers avec une mortalité de 15 p. 0/0..........................	2,000
5° 250 chevaux travaillant dans les moulins avec une mortalité de 5 p. 0/0......	250
6° Chevaux de luxe pour selle et voiture avec une mortalité de 10 p. 0/0.........	300
7° Chevaux et mulets importés par année avec une mortalité de 7 p. 0/0 (déposition Lattis)...........................	1,350
Total....	7,500

Pour avoir l'ensemble de la mortalité des chevaux il suffira de chercher le résultat partiel donné par chacune de ces catégories ci-dessus et d'additionner les sept résultats partiels, ce qui figure dans le tableau suivant :

1re catégorie — chevaux des loueurs Arabes
1,200 × 7 = 8,400 avec une mortalité de 30 % 2,520
2e catégorie — chevaux des loueurs Européens
400 × 7 = 2,800 avec 15 0/0........... 420
3e catégorie — chevaux et mulets de Minet-el-(Bassal
2,000 × 7 = 14,000 avec 10 0/0........ 1,400
4e catégorie — chevaux et mulets pour trans-(ports divers
2,000 × 7 = 14,000 avec 15 0/0........ 2,100
5e catégorie — chevaux pour les moulins
250 × 7 = 1,750 avec 5 0/0............ 87
6e catégorie — chevaux de luxe
300 × 7 = 2,100 avec 10 0/0........... 210
7e catégorie — chevaux et mulets importés
1,350 × 7 = 9,450 avec 7 0/0 (suivant témoignage Lattis)............... 662
Chevaux et mulets morts pendant les 7 années, ensemble........................ 7,399

Par ce tableau on voit que la durée moyenne du cheval ou du mulet était d'un peu plus de 7 années ce qui constitue une durée fort longue si l'on tient compte de ce que les témoins ont dit sur les fatigues excessives et les privations auxquelles la plus grande partie de ces animaux était exposée, soit par suite de la brutalité des maîtres, soit par suite du mauvais état des routes à cette époque.

Au surplus, le témoin Ambrogio Fresco, qui exerce depuis vingt ans à Alexandrie la profession de voiturier, a fixé de 5 à 6 ans la durée moyenne du cheval qui travaille.

Ce chiffre de 7,399 devrait être augmenté de tous les chevaux de troupe morts à Alexandrie de 1866 à 1873. Le liquidateur ne les a pas fait figurer dans l'état ci-dessus, faute de renseignements ayant une valeur juridique absolue. Il est cependant de notoriété publique qu'à cette époque le Khédive, sa famille, sa cour et les Ministres résidaient à Alexandrie pendant une partie de l'année ; que par suite il y avait dans cette ville une garnison fixe de cavalerie se composant en moyenne de :

1° 2 régiments de cavalerie à 450 chevaux ou soit chevaux......................	900
2° 1 régiment d'artillerie à 6 batteries..	750
3° 1 escadron de gendarmerie.........	150
Total chevaux...	1,800

Soit 1,800 chevaux à résidence fixe sans parler de la poste et des écuries du Khédive et des princes qui ne séjournaient à Alexandrie que l'été.

La mortalité était faible, il est vrai, et ne dépassait pas 3 p. 0/0.

Sur cette base on a 1,800 × 7 = 12,600 dont le 3 p. 0/0 est de 378. On devrait donc ajouter au chiffre de 7,399 celui de 378 pour avoir le total des chevaux morts dans la période du contrat, mais la Société, malgré l'évidente présomption en sa faveur, a voulu donner au Tribunal une nouvelle preuve de sa modération, espérant qu'il lui en sera tenu compte si, par impossible, quelques-uns des chiffres par elle mis en avant étaient taxés d'exagération.

4e Catégorie (Baudets).

Sur les animaux de cette catégorie, les données, il faut le reconnaître, manquent de certitude rigoureuse, toutefois les témoins en ont apprécié le nombre et l'ont évalué à 2,000 environ avec une mortalité de 15 p. 0/0.

En adoptant ce chiffre on a 2,000 × 7 = 14,000 dont la mortalité à 15 p. 0/0 est de 2,100 pour 7 ans.

5e Catégorie (Chameaux).

Sur les animaux de cette catégorie les données manquant d'une manière complète, les concluants doivent adopter un chiffre à l'abri de toute discussion.

En fixant à 300 le nombre de ces animaux et leur mortalité à 5 p. 0/0 on a 300 × 7 = 2,100 dont la mortalité de 5 p. 0/0 est de 105 pour sept ans.

La réponse faite à la première question posée par le jugement du 21 Mars 1877 donne pour ces cinq catégories les résultats suivants :

Nombre moyen des animaux morts :

	par année	pendant 7 ans
Bœufs et buffles	635	4,445
Moutons	13,213	92,491
Chevaux, mulets	1,057	7,399
Baudets	300	2,100
Chameaux	15	105
	15,220	106,540

On voit par ce tableau que si la société a reçu pendant les six premiers mois 3,577 bêtes, elle recevait à peine la moitié de ce qui lui était dû et que ses protestations et réclamations formulées dans les documents portants les nos 5, 6, 7, 8, 9 et 10 de l'ancien dossier étaient justifiées.

RÉPONSE A LA SECONDE QUESTION

la 2de question est la suivante :

« Quel est le produit ou prix que chaque animal « pouvait, suivant son espèce et dans la même période « de temps, donner à la Société demanderesse « après avoir été transformé par son industrie et en « déduisant le prix de la peau ? »

La réponse peut, suivant les facultés accordées à la Société, se faire par titres, par témoins et par tous moyens.

Il est certain que la preuve testimoniale serait insuffisante si elle était isolée puisqu'il s'agit d'une question industrielle neuve dans le pays et qui y est apparue pour la première fois avec un monopole au profit de la Société.

Il faudra donc, tout en tenant compte des dépositions des témoins Faguest, Poinas, Parlange sur le prix des suifs, se référer aux documents produits tels que factures, livres de commerce, mercuriales etc. etc.

Il faudra aussi, suivant le vœu émis par la Cour dans son arrêt du 26 novembre 1877, tenir compte des travaux des hommes compétents qui, appartenant à des pays où cette industrie a atteint son plus haut degré de perfectionnement, ont écrit sur la matière.

C'est donc en réunissant ces éléments divers que la Société E. Gonthier et Cie entend répondre à cette question. Ces éléments sont les suivants :

1° Procès verbal d'enquête, dépositions des Srs Faguest, Poinas, Parlange ;

2° Mercuriales des suifs, cornes, onglons et os ;

3° Factures délivrées par E. Gonthier et Cie au Sr Faguest en 1866 et 1867 et restituées par le dit Faguest à la Société qui les verse aux débats;

4° Factures délivrées par E. Gonthier et Cie à la maison Amic-Poucel et Cie en 1866 et 1867, correspondance échangée et livres de commerce de la dite Société Amic et Poucel;

5° Opinion des auteurs, Belèze, Roret, Payen, Odolan-Desnost, Raynal;

6° Rapport fait spécialement sur la matière à la date du 22 avril 1877 par Mr Charles Cornevin professeur d'hygiène à l'école vétérinaire de Lyon.

Toutefois, avant d'aborder les chiffres, il est une question de fait qui a été très judicieusement mise en avant par cet éminent professeur dans la lettre qui accompagne son rapport et qu'il est nécessaire de résoudre.

Voici comment il s'exprime :

« Il est incontestable qu'un équarrisseur, intel-
« ligent, bien outillé, au courant des produits que
« l'application des procédés nouveaux fournis par la
« chimie industrielle permet de retirer des cadavres,
« possédant enfin des débouchés suffisants et sûrs,
« pourra réaliser sur chaque animal un bénéfice
« considérablement plus élevé qu'un homme qui ne
« réunira pas ces diverses conditions. La différence
« peut aller du simple au double tant aujourd'hui
« l'industrie appuyée sur la science sait tirer parti
« de tout ce qu'on lui livre. »

Il s'agit donc de savoir préalablement si le sieur E. Gonthier associé directeur de la Société E. Gonthier et Cie était un équarrisseur réunissant les conditions suivantes :

1° Un bon outillage.

2° Intelligence.

3° Connaissances pratiques.

4e Débouchés suffisants et sûrs pour l'écoulement de ses produits.

SUR L'OUTILLAGE DE LA SOCIÉTÉ

Pour se convaincre que la société était bien outillée et que son usine était construite dans les conditions d'une bonne et utile exploitation, il faut se reporter aux documents 31 et 35 A de l'ancien dossier. Dans le 1er de ces documents, M. Poujade alors Agent et Consul Général de France écrit au marquis de Lavalette ministre des affaires étrangères à la date du 29 juin 1869 :

« Une visite faite par un des agents de ce Consulat
« Général, avant de formuler les réclamations contre
« le Gouvernement Egyptien, a constaté que l'éta-
« blissement des Srs Gonthier et Cie était monté sur
« les règles d'une bonne et utile exploitation et *s'aidait*
« *des procédés les plus modernes* pour les fontes
« des graisses et des chairs et le bon parti à tirer
« des abats, cornes, nerfs, sabots, et autres parties
« des animaux livrés à l'équarrissage »

Le second de ces deux documents est relatif à une nouvelle vérification faite postérieurement et à la date du 11 janvier 1870, en présence de M. Haggar officier consulaire Français et de M. Latruffe ingénieur Français et de laquelle il résulte qu'à cette date les appareils étaient en parfait état de fonctionnement.

Enfin le rapport des experts Pilotto, Troyanis et de Petrettini, en déterminant la valeur de l'usine en 1866, montre bien que l'outillage était important, complet et en rapport avec l'importance de l'affaire.

LE Sr EMMANUEL GONTHIER ASSOCIÉ DIRECTEUR ÉTAIT-IL INTELLIGENT ?

Le Tribunal n'a qu'à consulter la correspondance de cet homme, les notes et mémoires par lui rédigés et se rappeler l'admirable persévérance et l'énergie avec les quelles il a, dans cette lutte disproportionnée, réclamé et poursuivi l'exécution de son contrat, pour se faire une juste idée de son intelligence et de sa capacité, car il avait une si parfaite connaissance de l'importance industrielle du contrat du 14 Moharem 1283 qu'on le voit, dès le 23 Janvier 1869 dans sa requête qui porte le No 28 de l'ancien dossier, formuler sa demande en indemnité en en fixant le chiffre à cette époque à un million sept cent trente huit mille cent quatre-vingt-onze francs et 96 c.

LE Sr E. GONTHIER AVAIT-IL DES CONNAISSANCES PRATIQUES ? EMPLOYAIT-IL LES PROCÉDÉS NOUVEAUX ?

La dépêche de M. Poujade déjà signalée répond textuellement à cette question par ces mots déjà cités : « l'établissement des Srs Gonthier et Cie *s'aidait des* « *procédés les plus nouveaux* pour la fonte des grais- « ses, des chairs et le bon parti à tirer des abats, etc. »

Au surplus la déposition du témoin Faguest vient corroborer cette affirmation du Consul Général de

France car il déclare que les produits par lui achetés à la Société Gonthier et Cie étaient de bonne qualité et bien fabriqués, ce qui n'aurait pas eu lieu si E. Gonthier n'avait pas connu à fond son métier.

La Société avait-elle des débouchés ?

Elle avait toute l'Egypte et tout le bassin de la Méditerranée, car aujourd'hui on importe encore en Egypte les suifs et les engrais.

L'Europe de son côté demande constamment des produits similaires dont la consommation est illimitée et les tire de contrées beaucoup plus lointaines notamment du Pérou, de la République Argentine, du Brésil etc.

Dès lors on peut affirmer que la Société réunissait toutes les conditions de bonne réussite signalées par le professeur Cornevin.

Ceci posé en thèse générale, il convient d'aborder dans ses détails la deuxième question et de le faire en cinq sections correspondant aux cinq catégories d'animaux que la Société aurait dû recevoir.

Ire Section ou Catégorie des Bœufs et Buffles.

Il faut observer tout d'abord que sur le bœuf les auteurs sont muets. Ceci s'explique par ce fait qu'en Europe, les animaux de boucherie, bœufs, veaux et moutons, sont généralement auprès des centres de population où ils arrivent soit par terre, soit par chemin de fer, jour par jour et dans les meilleures conditions de santé, de telle sorte que la mortalité n'est qu'accidentelle et très rare.

L'appréciation du professeur Cornevin servira donc de base. Elle est ainsi formulée :

Bœuf de taille moyenne et en état.

	Poids en Kilog.	Prix du Kilog.	Valeur en francs
Peau fraiche	55.	1.	55.
Sang	22.	0.05	1.10
Cornes et onglons	2.500	1.25	3.12
Viscères et matières excrémentielles qu'il renferme	100.	0.02	2.
Tendons	0.800	0.60	0.48
Graisse	16.	1.	16.
Os	38.	0.15	5.70
Chair musculaire	250.	0.04	10.
Valeur totale des divers produits			93.40

Ce tableau est applicable au buffle dont les produits soutiennent la comparaison avec ceux du bœuf, sauf en ce qui concerne la peau dont la valeur chez le buffle est un peu supérieure à celle du bœuf.

En déduisant du total de fr. 93,40 le prix de la peau qui est de 55 francs, il reste fr. 38,40 pour chaque bœuf ou buffle.

2me Section ou Catégorie des Moutons

Pour les moutons, les auteurs sont muets comme pour les bœufs et par les mêmes raisons que nous avons indiquées ci-dessus ; mais l'appréciation contenue dans le rapport Cornevin est très-détaillée et sagement raisonnée.

Elle est ainsi formulée :

« Pour ce qui concerne l'espèce ovine, il y a au « point de vue du rendement à l'équarrissage une « différence très-importante entre les moutons des « diverses races occidentales et ceux des races o- « rientales, persans et syriens, ceux-ci présentant à « la base de la queue un amas de graisse qui peut « s'élever chez quelques béliers très gras jusqu'à 12 k. « mais dont la moyenne en poids se calcule « généralement sur le pied de 6 kilog. pour les « sujets des deux sexes indistinctement. Il y a « lieu aussi de faire remarquer que la valeur de la « peau qui s'estime toujours à forfait, est très-dif- « férente suivant que l'animal avait été récemment « dépouillé de sa toison ou bien qu'il possédait celle- « ci plus ou moins longue. Dans le premier cas, « la valeur moyenne (en France) des peaux *dites* « *rasées* est de 2 fr. dans le second, elle est de 5 fr. « soit une moyenne de fr. 3,50 en ne faisant pas de « distinction entre les unes et les autres.

Mouton de stature moyenne et en état.	Poids en Kilog.	Prix du Kilog.	Valeur en francs
Peau fraiche	5	a forfait	3.50
Sang	2.500	0.05	0.12
Corne (chez q. q. sujets)..	0.300	1.20	0.36
Viscères et matières excrémentielles	18.	0.02	0.36
Suif	5.	1.	5.—
Os	4.	0.15	0.60
Chair musculaire, ...	25.	0.04	1.—
Valeur totale des divers produits....			10.94

Pour rendre ce tableau applicable aux moutons de l'Orient, il faut y ajouter la valeur de 6 kil. de graisse accumulée à la queue à raison de un fr. le kilog. soit une plus-value dans le rendement de six francs par tête.

C'est donc un total de fr. 16.94 c. pour le mouton d'Orient sous déduction de fr. 3.50 c. ou soit un produit net de fr. 13.44 c.

Pour achever de justifier cette appréciation il convient d'observer deux choses :

1° C'est que le mouton comme le bœuf, étant destiné à l'alimentation, arrivait déjà engraissé et contenait par suite une quantité considérable de suif.

2° C'est que le mouton qui était importé à Alexandrie était presque en totalité de la grande race dite de Syrie qui a dans la partie postérieure du corps un appendice graisseux qui contient une quantité moyenne de 6 kilogrammes de suif à fr. 1 le kilogr.

Pour s'en convaincre il suffit de se reporter à la page 152 du volume 1873 de la statistique de Régny, d'où il résulte qu'en l'année 1872 sur 138,700 moutons importés dans le port d'Alexandrie il y en

avait	80,004	de Syrie,
et	52,381	de Turquie d'Asie,
En tout..	132,385	de Syrie et de Turquie

d'Asie, c'est-à-dire, de la race à grosse queue et seulement 6,375 d'autres races.

Cette quantité insignifiante ne peut modifier le prix unitaire de rendement, car il ne faut pas oublier que la moyenne de la mortalité des moutons a été acceptée à 10 p. 0/0 contrairement aux dépositions de plusieurs témoins qui l'ont portée à 15 p. 0/0; par suite la présente appréciation de fr. 13. 44 est correcte et nullement exagérée.

3me Section ou catégorie des chevaux et mulets

Le rendement du cheval à l'équarrissage est très variable parce que l'uniformité qui existe chez les animaux de boucherie fait défaut chez les sujets de l'espèce chevaline. En effet, les bœufs et les moutons importés pour l'alimentation sont toujours choisis, car un sujet maigre et en mauvais état n'aurait évidemment pas une valeur marchande en rapport avec les frais de transport, commission et autres.

Le cheval d'Orient, d'autre part, n'a pas pour l'équarrisseur, il faut le reconnaître, la valeur du cheval Européen.

C'est pour cela que les auteurs ont formulé des appréciations différentes, car, étant donné la diversité des races, chacun a dû prendre pour point de départ un type plus ou moins doublé et de taille plus ou moins forte.

Ainsi suivant :

J. Odolant-Desnos le prix moyen de rendement serait de fr. 38 moins fr. 8 pour la peau, ou soit fr. 30.

Belèze, fr. 19.30 moins fr. 8 pour la peau=fr. 12.60.

Payen qui prend pour point de départ un cheval du poids de 300 kilog. élève son appréciation jusqu'à 64 et 65 francs et même jusqu'à 115 francs quand le cheval est en bon état mais cette appréciation doit être réduite, car les chevaux qui devaient aller à l'usine Gonthier avaient été le plus souvent très éprouvés.

Toutefois elle vient tout au moins corroborer les évaluations plus faibles des autres auteurs car en la réduisant de moitié on a encore fr. 57 — 8 = fr. 49.

Roret fixe le rendement moyen à fr. 19.35 moins fr.8 pour la peau soit fr. 11.35.

Raynal — cet auteur tout en refusant de faire une appréciation absolue termine sa démonstration par ces mots : « C'est le cas d'appliqur le proverbe : « tant vaut l'homme tant vaut le métier. En effet, « tel équarrisseur retirera d'un même cadavre plus « de profits et les vendra plus avantageusement que « tel autre. L'essentiel c'est qu'on sache que l'équar- « rissage est une industrie rémunératrice lorsqu'elle « est conduite par un homme actif et capable.»

Toutefois, il convient qu'on peut arriver au chiffre de fr. 88.88 c. quoique difficilement.

On peut donc par une réduction de 50 p. 0/0 fixer un prix moyen de fr. 44.44 c. qui sous, la déduction des fr. 8 pour la peau, donne fr. 44.44 c. — 8 soit fr. 36.44 c.

A côté de ces appréciations nous placerons celle du professeur Cornevin qui, appelé à fournir des renseignements sur l'espèce dont s'agit, prend comme point de départ le cheval de taille moyenne et *maigre*, c'est-à-dire le cheval dans les conditions les moins avantageuses pour l'équarrisseur.

Cheval de taille moyenne et maigre.

	Poids en Kilog.	prix du Kilog.	Valeur en francs
PEAU fraiche...........	34	0.50	17
SANG vendu soit pour la fabrication de l'albumine, pour celle des engrais....	18	0.05	0.90
CRINS courts et longs.....	0.100	1	0.10
FERS et clous............	1	0.20	0.20
SABOTS (en rapure)	1.500	1.20	1.80
VISCÈRES, EXCRÊMENTS qu'il renferme, vendus pour engrais.................	30	0.02	0.60
TENDONS desséchés.......	0.500	0.60	0.30
GRAISSE fondue.........	3	0.90	2.70
CHAIR MUSCULAIRE vendue pour nourriture de porcs ou volailles ou desséchée et vendue comme engrais...	140	0.04	5.60
Os transformés en noir animal ou en phosphate acide de chaux.............	35	0.15	5.25
Valeur totale des divers produits....			34.45

Le prix unitaire est ainsi de fr. 34.45 — 17 = fr. 17.45. Ce serait donc une quantité de 7,399 chevaux et mulets à multiplier par fr. 17.45 donnant un produit total de 7,399 × 17.45 = fr. 129,112 55 cent.

Mais il y a lieu d'opérer une déduction sur ce chiffre de 7,399 à cause des mulets qui, entrant pour un quart dans le total des animaux traités dans cette section, rendent un peu moins que les chevaux.

En retranchant donc le quart de 7,399 soit 1,848 il reste pour les chevaux seuls un chiffre de 5,551 qui, multiplié par fr. 17.45, donne, comme produit pour les dits chevaux, une somme totale de francs 96,864.95 cent.

Pour les mulets le professeur Cornevin s'exprime en ces termes :

« Nous estimons que les différents rendements du
« mulet peuvent être calculés comme représentant
« les 4/5 de ceux du cheval soit $\frac{34.45 \times 4}{5} = 27.56$
« moins la valeur de la peau qui est de $\frac{17 \times 4}{5} = 13.60$.
« Soit donc pour le mulet un prix unitaire de
« 27.56 — 13.60=13.96.

En multipliant donc le total précité de 1,848 mulets par fr. 13.96 on obtient comme produit la somme de fr. 25,798.08.

En réunissant les résultats obtenus dans cette section, on a, déduction faite de la peau :

Pour le cheval un prix unitaire de fr. 17.45 portant sur 5,551 sujets.

Pour le mulet un prix unitaire de fr. 13.60 portant sur 1848 sujets.

4e Section ou catégorie des Baudets.

Sur les animaux de cette espèce le professeur Cornevin s'exprime de la manière suivante :

« Pour les rendements de l'âne il y a lieu de « distinguer entre ceux qui sont fournis par la « grande race française dite du Poitou et ceux qui « proviennent de la race d'Orient dont les formes « sont plus belles, mais la taille moins élevée. Dans « le premier cas, nous estimons les rendements aux « 3/5 de ceux du cheval soit $\frac{34.45 \times 3}{5} = 20.67$. Dans le « second nous ne les évaluons qu'à la moitié soit « fr. 17.22.

De ce prix de fr. 17.22 il faut déduire fr. 8.50 pour la peau, ce qui donne fr. 17.22—8.50=fr. 8.72 cent.

La valeur unitaire du baudet est donc de 8 fr. 72 portant sur 2,100 sujets.

5e Section ou Catégorie des Chameaux.

Les animaux de cette catégorie n'ont qu'une importance médiocre au point de vue du chiffre de l'indemnité, mais cependant pour répondre amplement soit au dispositif du jugement de 1re Instance, soit au vœu formulé par la Cour dans son arrêt du 26 Novembre 1877, tendant à obtenir « la constatation du dommage souffert par la société par le « meilleur moyen et avec la plus grande précision

« possible », le rendement de cet animal sera discuté.

Le liquidateur de la société E. Gonthier et Cie le fera d'autant plus volontiers que la Chambre spéciale pourra apprécier avec quel soin et quelle conscience le savant professeur, à l'autorité duquel il a dû avoir recours, a opéré son travail.

Voici le texte de son rapport :

« Pour arriver à dresser le tableau des rende-
« ments fournis par le chameau, nous avons dû
« procéder *par induction*, puisque cet animal n'est
« pas utilisé en France et qu'il n'y existe qu'à l'état
« de rares unités disséminées dans des parcs ou
« ménageries. En conséquence, nous avons : 1° lu plu-
« sieurs mémoires consacrés par divers naturalistes à
« l'anatomie et à la physiologie de ce ruminant et
« notamment celui de M. Vallon, ancien vétérinaire
« de l'armée d'Afrique qui, après avoir habité notre
« colonie algérienne pendant longtemps, a fait une
« très-bonne monographie de l'animal qui nous
« occupe en ce moment ; 2° pesé le squelette d'un
« dromadaire qui se trouve au musée de l'école
« vétérinaire de Lyon ; 3° déduit du résultat de
« cette pesée et par comparaison avec le bœuf, le
« poids des autres parties du corps, en ayant le
« soin de faire les rectifications jugées nécessaires
« d'après ce que disent les auteurs du peu de mus-

« culature et de la maigreur ordinaire des chameaux « qui n'accumulent jamais, quelque bien nourris « qu'ils puissent être, que fort peu de tissus grais- « seux. »

Rendement approximatif du chameau.			
	Poids. en Kilog.	Prix du Kilog.	Valeur en francs
Peau	72	1.	72.
Sang (d'après Vallon)	24	0.05	1.20
Viscères et excréments	100	0.02	2.
Graisse	6	1.	6.
Os	50	0.15	7.50
Chair musculaire	200	0.04	8.
Valeur totale des divers produits...			96.70

le résultat pour les animaux de cette 5e section étant de 96.70 — 72 = 24.70, donne par suite un rendement moyen de Fcs 24.70 portant sur un total de 105 sujets.

RÉSUMÉ GÉNÉRAL DE LA RÉPONSE FAITE A LA DEUXIÈME QUESTION.

Les produits ou prix que chaque animal pouvait, suivant son espèce, donner à la Société en dehors de la peau, sont les suivants :

1re Section,	bœuf ou buffle	Fr.	38.40
2e d°	mouton	»	13.44
3e d°	cheval	»	17.45
	mulet	»	13.96
4e d°	baudet	»	8.72
5e d°	chameau	»	24.70

Il suffit d'ajouter que le prix des graisses porté à un franc le kilog. par le rapport sus-mentionné, suivant les prix de Paris et de Lyon, sont en concordance avec les prix auxquels la Société vendait elle-même ses graisses. Ainsi dans les factures Faguest le prix est de fr. 1.25 l'ocque ou soit fr. 1 le kilog. l'ocque étant de 1,250 grammes. Dans les factures Amic et Poucel l'ocque est facturée à 1 fr. 40 c., ou soit un prix supérieur à celui de 1 fr. le kilog. Ce prix de un franc le kilog. serait, du reste, bien inférieur à celui qui existait à cette époque si l'on se réfère à la déposition du témoin Poinas. Le liquidateur donne donc à la Chambre Spéciale une nouvelle preuve de la modération qu'il a pris à tache d'apporter dans le cours de sa réclamation.

Quant aux différents prix mentionnés pour les os, cornes, sabots, onglons et autres abats transformés, ils sont justifiés par des mercuriales versées au dossier.

Au surplus le Gouvernement Egyptien n'a pu jusqu'à ce jour infirmer ni les moyennes de mortalité avancées et prouvées par la Société, ni les prix unitaires de rendement qu'elle vient de signaler. Il n'a pu, en effet, faire sa contr'enquête, ni produire, après avoir demandé une prorogation, un seul témoin pour contredire les témoignages si nets, si précis et appuyés sur des titres à l'aide desquels la Société a achevé d'éclairer la religion du Tribunal.

Ces moyennes et ces prix serviront donc de base à l'état ci-annexé contenant la description des bénéfices dont la Société a été privée pendant la durée de son contrat et qui a été dressé en conformité du texte du jugement du 21 Mars 1877, ainsi conçu :

« Attendu que le Gouvernement, n'ayant pas « rempli les obligations qui lui incombaient de par « le contrat du 14 Moharrem 1283, la Société deman- « deresse doit être indemnisée tant des pertes réelles « subies par elle que des bénéfices auxquels elle « avait légitimement droit ».

Sur le 3e Chef d'indemnité.

(Frais, débours qui sont la suite directe du procès)

La Société réclame de ce chef une somme de fr. 29,000.

Pour se convaincre que cette somme n'est point exagérée, il faut tenir compte :

1° De ce que la Société a du faire et rembourser des frais considérables de toutes sortes, tels que voyages et séjours au Caire pour obtenir le décret de Son Altesse et la signature du contrat du 14 Moharrem 1283.

2° De ce qu'avant d'entamer le procès en 1868 et pendant le cours du dit, elle a dû organiser et payer une police pour constater les infractions qui se commettaient à son détriment.

3° De ce qu'elle a dû subvenir aux frais judiciaires et extra-judiciaires de cinq enquêtes.

4° De ce que le sieur Emmanuel Gonthier, associé directeur, a dû en l'année 1871 aller à Paris et y séjourner plusieurs mois pour les besoins du procès.

5° De ce que dans une affaire aussi compliquée et aussi pénible la Société a dû avoir recours aux lumières des avocats des Cours d'Appel de Paris et d'Aix.

6° De ce qu'elle a dû, pour rendre intelligible un dossier par trop volumineux et une question hérissée de chiffres, faire imprimer deux mémoires.

7° De ce qu'elle a payé au Consulat de France, pour copies de pièces, une somme importante.

8° De ce qu'elle a dû payer depuis 1873 un gardien pour son usine.

9° De ce qu'elle lutte depuis douze ans en soutenant un procès où tout lui a été contesté et où elle a dû tout prouver.

Il est donc bien évident qu'une affaire aussi lourde et aussi longue a dû nécessiter des dépenses considérables dont la somme de 29,000 francs n'est même pas la représentation exacte. La cour s'est du reste prononcée plusieurs fois dans un sens entièrement conforme aux prétentions de la société et notamment dans les affaires Zara de Bache et Poulidès.

CONCLUSIONS

En l'état de tout ce qui vient d'être établi et prouvé, la Société E. Gonthier et Cie prend les conclusions suivantes, déjà signifiées au Gouvernement Egyptien le 24 Janvier 1878, en conformité des art. 335 et 337 du Code de Procédure Civile et Commerciale.

Attendu que par jugement en date du 21 Mars 1877, confirmé par arrêt de la Cour d'Appel en date du 26 Novembre même année, le Gouvernement Égyptien a été condamné à tenir la Société E. Gonthier & Cie indemne de tous les dommages qui lui ont été causés par l'inexécution du Contrat du 14 Moharem 1283.

Que par le même jugement il a été décidé que cette indemnité devait porter « tant sur les pertes « réelles subies par la Société que sur les bénéfices « auxquels elle avait légitimement droit ».

Attendu que pour déterminer le quantum de l'indemnité, la Chambre Spéciale a ordonné qu'il serait procédé :

1° A une expertise pour déterminer la dépréciation subie par les facultés mobilières et immobilières de la Société ; expertise qui a été faite par les soins des ingénieurs Pilotto, Troyanis et de Petrettini, qui ont conclu dans leur rapport déposé le 10 Janvier 1878, à ce qu'il fut alloué de ce chef à la Société une somme de 47,963 francs.

2° Une preuve à faire par tous moyens, témoins compris, pour déterminer le nombre moyen des animaux qui sont morts par année dans la ville d'Alexandrie, de 1866 à 1873, la moyenne de chaque espèce de bêtes et le produit que chaque animal, suivant son espèce, pouvait donner à la Société, sous déduction du prix de la peau.

Attendu qu'il a été procédé à une enquête par devant Monsieur le Baron d'Armfelt, juge-commis, et que de cette enquête ainsi que des nombreux documents officiels et privés compilés par la Société et par elle versés au débat, il résulte que la Société a répondu d'une manière pleinement satisfaisante aux deux questions posées par le Tribunal.

Qu'ainsi elle a établi que le nombre moyen des animaux qui sont morts par année dans la ville d'Alexandrie est de 15.220.

Que la moyenne de chaque espèce se chiffre par année de la manière suivante :

Bœufs et Buffles	635
Moutons	13.213
Chevaux	793
Mulets.......	264
Anes........	300
Chameaux....	15
	15.220 Total égal au chiffre ci-dessus.

Attendu qu'en multipliant par 7 (chiffre correspondant aux sept années du contrat) les chiffres se rapportant au nombre moyen annuel de chaque espèce de bêtes mortes, et ces différents produits par le rendement unitaire de chaque espèce de bêtes, on obtient un produit total et net de tous frais se montant à fr. 2,224,419.17, y compris les intérêts simples, calculés à 12 p. 0[0 l'an, depuis la fin de chaque exercice jusqu'au 2 Mai 1876, époque où la demande a été introduite devant la Chambre Spéciale.

Attendu, en outre, que la société justifie par les documents versés au procès qu'il lui est dû une somme de fr 29,000, en remboursement des débours, frais de voyage et autres qui ont été la suite directe du procès.

Attendu qu'il est également dû à la société les intérêts des diverses sommes par elle réclamées à 12 pour 0/0 par an, à partir du 2 Mai 1876, jusqu'au paiement définitif.

Attendu, en ce qui concerne les frais, qu'ils doivent non seulement comprendre les honoraires des experts déjà taxés et payés et s'élevant à la somme de P T. 7.912 11/40, mais encore les indemnités accordées aux témoins et les honoraires de la défense à liquider par le jugement à intervenir en tenant compte de la longueur du procès, des difficultés inhérentes à la cause et autres considérations développées dans l'article 181 du Règlement général judiciaire.

Par ces motifs :

Plaise à la Chambre Spéciale.

Condamner le gouvernement Egyptien à payer à Idt avocat, en sa qualité de liquidateur judiciaire de la Société E. Gonthier et Cie :

1° La somme de *quarante sept mille neuf cent soixante-trois francs*, montant des pertes réellement subies par la société par suite de la dépréciation de ses facultés mobilières et immobilières, en conformité du rapport des experts Pilotto Troyanis et de Petrettini qui reste purement et simplement homologué.

2° Celle de *deux millions deux cent vingt-quatre mille neuf cent seize francs et 17 centimes*, montant des bénéfices dont la société a été privée par suite de l'inexécution du contrat du 14 Moharrem 1283.

3° Celle de *vingt-neuf mille francs* montant des frais et débours qui sont la conséquence directe tant de l'instance diplomatique suivi par la société depuis 1868 que du procès actuel.

4° Les intérêts de ces diverses sommes à partir du 2 Mai 1876, jour de la demande devant la Chambre Spéciale.

5° Tous les frais du procès y compris les honoraires des experts taxés par Monsieur le Président à P. T. 7,912 11/40 et ceux dûs pour le mandat.

Alexandrie 24 janvier 1878.

PIERRE IDT.

Avocat à la Cour d'Appel d'Alexandrie.
liquidateur judiciaire de la société E. GONTHIER et CIE.

ETAT DESCRIPTIF des bénéfices dont la Société E. GONTHIER & Cie a été privée pendant la durée de son Contrat ou soit du 6 Juin 1866 au 6 Juin 1873 avec intérêts simples.

ANNÉES.	Boeufs et Buffles — Nombre	Rendement par unité F.	C.	Produit annuel. Francs.	C.	Moutons — Nombre	Rendement par unité F.	C.	Produit annuel. Francs.	C.	Chevaux — Nombre	Rendement par unité F.	C.	Produit annuel. Francs	C.	Mulets — Nombre	Rendement par unité F.	C.	Produit annuel. Francs	C.
1er Exercice du 6 Juin 1866 au 6 Juin 1867.	635	38	40	24.384	»	13.213	13	44	177.582	72	793	17	45	13.837	85	204	13	76	3.085	44
2me Exercice du 6 Juin 1867 au 6 Juin 1868.	635	38	40	24.384	»	13.213	13	44	177.582	72	793	17	45	13.837	85	204	13	90	3.085	44
3me Exercice du 6 Juin 1868 au 6 Juin 1869.	635	38	40	24.384	»	13.213	13	44	177.582	72	793	17	45	13.837	85	204	13	90	3.085	44
4me Exercice du 6 Juin 1869 au 6 Juin 1870.	635	38	40	24.384	»	13.213	13	44	177.582	72	793	17	45	13.837	85	204	13	90	3.085	44
5me Exercice du 6 Juin 1870 au 6 Juin 1871.	635	38	40	24.384	»	13.213	13	44	177.582	72	793	17	45	13.837	85	204	13	90	3.085	44
6me Exercice du 6 Juin 1871 au 6 Juin 1872.	635	38	40	24.384	»	13.213	13	44	177.582	72	793	17	45	13.837	85	204	13	90	3.085	44
7me Exercice du 6 Juin 1872 au 6 Juin 1873.	635	38	40	24.384	»	13.213	13	44	177.582	72	793	17	45	13.837	85	204	13	90	3.085	44
Totaux....	4.445			170.688	»	92.491			1.243.079	04	5.551			96.864	95	1.848			23.798	08

ANNÉES.	Anes — Nombre	Rendement par unité F.	C.	Produit annuel. Francs	C.	Chameaux — Nombre	Rendement par unité F.	C.	Produit annuel. Francs	C.	Déductions à opérer — Valeurs des bêtes reçues — Nombre	Rendement Francs	C.	Droit de P.T 2 m/m dû au Gouvernement par bête reçue — Nombre	Montant en Piastres	P.	Francs	C.
1er Exercice du 6 Juin 1866 au 6 Juin 1867.	300	8	72	2.616	»	15	24	70	370	50	4 045	30.127	20	15.220	38.050	»	9.883	11
2me Exercice du 6 Juin 1867 au 6 Juin 1868.	300	8	72	2.616	»	15	24	70	370	50	930	18.681	87	15.220	38.050	»	9.883	11
3me Exercice du 6 Juin 1868 au 6 Juin 1869.	300	8	72	2.616	»	15	24	70	370	50	808	11.810	84	15.220	38.050	»	9.883	11
4me Exercice du 6 Juin 1869 au 6 Juin 1870.	300	8	72	2.616	»	15	24	70	370	50	180	2 081	13	15.220	38.050	»	9.883	11
5me Exercice du 6 Juin 1870 au 6 Juin 1871.	300	8	72	2.616	»	15	24	70	370	50	»	»	»	15.220	38.050	»	9.883	11
6me Exercice du 6 Juin 1871 au 6 Juin 1872.	300	8	72	2.616	»	15	24	70	370	50	»	»	»	15.220	38.050	»	9.883	11
7me Exercice du 6 Juin 1872 au 6 Juin 1873.	300	8	72	2.616	»	15	24	70	370	50	»	»	»	15.220	38.050	»	9.883	11
Totaux....	2.100			18.312	»	105			2.593	50	5.963	57.231	14	106.540	266.350	»	69.181	77

ANNÉES.	Frais d'exploitation (l'équarrissage calculé à F. 1.00 par grosse bête et à F. 0.50 par petite bête ; la cuisson, par grosse bête à F. 2.25, par petite à F. 0.18) — Nombre des grosses bêtes	Nombre des petites bêtes	Montant des frais d'équarrissage Francs	C.	Montant des frais spéciaux de la chair à feu &c. Francs	C.	Résultat des sept exercices — Totaux des produits bruts annuels. Francs	C.	Totaux des déductions à opérer par exercice Francs	C.	Bénéfices dont la Société a été privée sur chaque exercice. Francs	C.	Intérêts simples dus sur les bénéfices manqués de chaque exercice depuis la fin de l'exercice jusqu'au 1er Mai 1878 et à raison de 12 p% l'an. Francs	C.	Bénéfices manqués dus à la Société y compris les intérêts calculés sur la base déjà indiquée Francs
1er Exercice du 6 Juin 1866 au 6 Juin 1867.	1.707	13.513	9.000	15	2.183	44	222.470	51	81.094	»	141.382	31	151.279	48	292 661
2me Exercice du 6 Juin 1867 au 6 Juin 1868.	1 707	13.513	9.000	15	2.183	44	222 470	51	35.643	57	186.827	04	177.486	54	364.314
3me Exercice du 6 Juin 1868 au 6 Juin 1869.	1.707	13.513	9.000	15	2.183	44	222.470	51	33.777	54	188 693	97	156.630	14	345.319
4me Exercice du 6 Juin 1869 au 6 Juin 1870.	1.707	13.513	9.000	15	2.183	44	222.470	51	24.597	83	197.872	68	140.493	80	338.373
5me Exercice du 6 Juin 1870 au 6 Juin 1871.	1.707	13.513	9.000	15	2.183	44	222.470	51	21.966	70	200.503	81	118.200	76	318.810
6me Exercice du 6 Juin 1871 au 6 Juin 1872.	1.707	13.513	9.000	15	2.183	44	222.470	51	21.966	70	200 503	81	94.239	51	294.749
7me Exercice du 6 Juin 1872 au 6 Juin 1873.	1.707	13.513	9.000	15	2.183	44	222.470	51	21.966	70	200.503	81	70.176	43	270.088
Totaux....	11.949	94.591	63.001	05	15.284	08	1.557.333	57	241.018	04	1.316.317	63	908.508	04	2.224.010

www.ingramcontent.com/pod-product-compliance
Lightning Source LLC
Chambersburg PA
CBHW071337200326
41520CB00013B/3017